엄마 붓다

국립중앙도서관 출판예정도서목록(CIP)

엄마 붓다 : 이승진시집 / 지은이 : 이승진. -- 서울 :
詩와에세이, 2016
144P. : 127×206㎝

ISBN 979-11-86111-17-8 03810 ₩:10000

한국 현대시〔韓國 現代詩〕

811.7-KDC6
895.715-DDC23   CIP2016000621

엄마 붓다

이승진 시집

詩와에세이

2016

차례__

제1부

엄마 붓다 · 11
톳째비에게 홀리기 · 12
우리 할매 끈 이론 · 14
공굴리기 · 16
최 부자 사랑법 · 18
빈 문서 저장 안 함 누르기 · 20
의처증 · 22
10월의 숫호박꽃 · 23
나 · 24
할아버지 시계 · 26
사과새 · 28
나머지 공부 · 29
가물 현(玄) 배우기 · 30
빈 젖 · 32
전원코드를 낙엽에 연결하고 · 33

제2부

불(佛) 넣기 · 37
달집태우기 · 38
체천(體天) · 40
옆문으로 들어가시오 · 42
놓아주기 · 43
BC카드 · 44
편안하다, 가장 · 46
절도 미수 · 48
허리디스크 · 49
상주 낚시 · 50
길 · 52
겨울 안개 · 54
굿 · 56
시치미 · 58
돌아가는 이유 · 59

제3부

산벚나무경 · 63
신풍령 휴게소 · 64
살구꽃 피는 밤은 · 67
보물찾기 · 68
경주에서 · 70
화산분교 나팔꽃 · 72
개화 · 74
민들레 · 75
다운 · 76
엉덩이 · 78
후포 · 80
깡통 · 82
이두로 쓰는 사랑 · 84
문자메시지 · 85
토스 · 86

제4부

동행 · 91
장래희망 · 92
천태산 부스럼 · 93
뿌리 거두기 · 94
말년휴가 · 96
살구 보살 · 97
그리움과 나 · 98
자갯돌 · 100
바탕화면에 비는 내리고 · 102
구멍 · 104
딱지치기 · 106
우는 기와 · 110
무너지지 않기 위하여 · 112

해설 · 113
시인의 말 · 143

제1부

엄마 붓다

 읍내 지리도 잘 모르는 엄마가 어쩌다 병원 중환자실로 가출을 했다 면회시간, 문을 열고 들어가는데 엄마는 아들에게 관심이 없다 얼굴이 붓고 표정도 없다 중궁암 부처님을 닮으셨다 나는 누구냐며 다정하게 물어도 '몰라' 큰아들 어디 갔냐며 큰아들이 물어도 '몰라' 엄마는 이 세상의 모든 경전을 '몰라' 두 글자로 줄이고 중환자실 복판에 자리 잡은 환자 중이다 입동 지난 하늘의 얼굴이 자꾸 붓는다 주차장 계단을 돌아내려 오며 우리 엄마 붓다! 우리 엄마 붓다! 우리 엄마 붓다! 혼자 중얼거리는데 묵언수행 중인 눈이 내리기 시작한다

톳째비에게 홀리기

톳째비에게 홀릴 일입니다
톳째비에게 홀려서 청춘 몇 포기 훌훌 날려볼 일입니다

고향에 다녀오는 길, 상주 장 보러 가시는 동네 어른들 제 차로 모시는 날이었지요 상주 장에는 톳째비라는 도깨비가 동네 어른들 오기를 기다리고 있답니다 톳째비는 혼을 뺏어 하루종일 장터를 헤매게 하다가 장난으로 빼앗았던 그 혼 저녁 무렵 돌려준다는 말씀 덧붙여주셨습니다

아, 그때 알게 되었습니다 저를 아무 이유 없이 내서로 청리로 낙동으로 데려가던 놈은 바로 상주 장의 톳째비였음을, 그놈은 끈질겨 정신 바짝 차리려고 해도 안 되더라는 말씀 가을이 아침부터 풍덩풍덩 톳째비 마을에 빠지던 소리, 붉으락푸르락 그 빛깔이 바로 톳제비 등 긁던 흔적이었습니다

야속한 일이란 2일, 7일 들어서는 상주 장의 톳째비가

일 년 삼백육십오일 하루도 빠짐없이 찾아오는 것입니다
삶도 그리움도 벌써 한 짐인 동네 어른들 상주 장에 내려
드리며 한 말씀 올렸습니다

  고맙습니다
  막차가 출발하기 전 동네 어른들 돌려주시고 언젠가의
저녁 저도 내려줄 상주 장의 착한
  툿째비님, 혹은 이 깊은 가을

우리 할매 끈 이론

무심한 이 산의 돌과 저 산의 돌이
왜 얼굴이 닮았는지
무슨 인연으로 말 없는 그리움은
저 드센 억새의 머리로 올라 하얗게 부서지며
흔들리는 방향을 잡고 흔들리는지
서 있는 발이 마주보며 살아가는 걸
버선을 벗어야 아는 건 아니지만
억세고 억센 억새풀 할배는 언제 이곳까지 와
내가 모르는 더 억센 할매를 멀뚱멀뚱 만나셨는지
그리운 억새꽃의 하얀 이야기
초파리 애벌레의
빠알간 눈웃음 속을 헤엄쳐가는
등 푸른 사내
꽃잔디 한 송이 속에 들어있는
노란 엽서를 받는 달빛마저도 나는 무거워
이 가을 또 한 짐 내려놓고 가야겠지만
꽃으로 피던 어린 날의 열병 자국

달에게도 점점 넓어져 가고
내 등에는 그대 그리운 가을의 반점

이 산 저 산 무심한 꽃피고 지는 일도
할머니 챙겨두던 나일론 끈으로
송이송이 묶여짐을 알게 된 날
달성공원 관상 보는 아저씨들도
묶인 끈을 잡고 관상따라 바뀌어가고
화산분교 울타리
나팔꽃 줄기가 잡고 있는 땅과 나무 그리고 바람
멍하니 멍하니 따라가다가
상대성이론보다 장하다는
아직 시작도 되지 않았지만 이미 끝이 난
우리 할매 끈 이론을
나는 그만 다 배우고 말았다

공굴리기

내가 다니던 초등학교 등굣길을
푸른 공이 굴러가는 아침이다
정신없이 그 공을 따라간다
유년의 그 공굴리기

내 삶의 푸른 멍은 어디서 왔지?
내가 청군이 되면
마지막 청백 계주에서 청군이 졌다
백군이 되면 백군이 졌다
느티나무 한 그루 청군의 푸른 공을 재잘거리다가
그대 향한 노래처럼 지고 있는 가을

선생님은 왜
내 키보다 높은 푸른 공을 만드셨는지
내 청춘의 지도와 살림살이를 싣고 가는
언덕길 푸른 트럭은 네 개의 공을 굴린다
네 공이다

나는 푸시시 일어나 푸른 공을 다시 굴린다
내 삶은 늘 푸른 공을 밀어내는 눈물이었을까?
따라가는 것이었을까?

밀며 살아야 한다 울며 밀어야 한다
백군의 하얀 트럭이 네 공을 몰고
내 앞을 지나간다 내 공인가? 벌써 겨울이다

창밖에는 작년의 그 눈이 펄펄
백군의 공을 굴리며 온다 열창이다

공(호)……………………………………공(호)

최 부자 사랑법

경주에 가
최 부자 빚어내는
천 석 저녁노을 보아라

과거를 보되
진사 이상은 하지 말라고 했지
손목 잡던 그날이 선홍빛이다

추억은 어디에 넣어두나
더 이상 모으지 말라며
서둘러 해가 진다

주변 백 리
그리움 때문에 쓰러지지 말라며
깃을 접는 새

그리우면 그리운 만큼 그리워하는

저 노을을 위하여

사랑하고 그 나머지 힘으로 걸어가는
서산을 위하여

한 사람을 사랑하고
그리움 쌓아가는 최 부자 사랑법

저 붉은 천 석 노을을
오늘은 어디로 데려가나
경주 교동에 사랑채 하나 크게 짓고
다시 그대를 기다리는 서산

빈 문서 저장 안 함 누르기

빈 문서를 빈 문서로 저장하지 않는 법 알고 사는 저녁 종소리
가을이 와도
남장사 종소리는 한 번도 저장버튼을 누르지 않았다
노악산은 가을을 만지작거리다가 붉은 잠이 들었고

가파른 언덕을 좋아했던 우리 숙모님은 왜
그토록 서둘러간 화장장에서 빈 문서 저장버튼 누르지 못하셨는지
빈 문서 빈 문서로도 저장하지 않으셨는지

도무지 알 길 없는 낙서와 문서편집의 시간
빈 문서의 하늘을 날아가는 기러기
점점이 찍어두던 빈 소리 끝내 저장하지 않는다

길길이 날뛰는 길을 주워 먹는 가을 낙엽
그대 보이지 않는다

남장사의 저녁은 돌아갈 곳이 없다

몇 번인가 취소를 눌렀던 어린 날은 보이지 않는다
취소란 원래의 자리로 돌아가는 길

빈 문서를 저장할까요? 묻는데 저장 안 함을 눌렀다
알고 있었는지, 방금 날아간 기러기 자리
아름답게 저무는 빈 문서의 문서편집

빈 문서에 밤새도록 낙서를 하던 산벚나무 잠이 뒤척인다
빈 하늘 바라보아라
빈 문서 가득 반짝이는 별을 새벽은 끝내 저장하지 않는다

의처증

늘 내버려 두었는데
분명 멀리 떨어져 있는데
손잡는 시늉도 낸 적 없는데
은행나무는 언제 수두룩 빽빽 임신을 했다

이것들 내가 모르는 낯선 도시 혹은
눈부시게 캄캄한 저 바람 속 어디
은행나무 모텔을 수두룩 빽빽 드나들곤 했었구나

10월의 숫호박꽃

시골 다방 옆에 숫호박꽃이 핀다
추석 다 지난 늦가을
하늘은 벌써
서릿발 들이밀까 망설이는데
오졸 없는 숫호박꽃이 환하게 폭발한다
피어 어쩌자는 건지
피어 어쩌자는 건지
오른팔 근육도 보여가며
힘이야 쓰겠다지만
그리운 호박벌
오기야 오겠지만
오졸 없는 숫호박꽃 일어선다

볼일 없는 수꽃 늦은 가을을 붙들고 있다
어쩌란 말이냐 그대 여기 없는 10월

나

내가 미는 인력거를 타고 내가 간다
어떤 날은
모시고 가는 손님이 누군지 궁금하고
어떤 날은 뒤에서 미는
내가 누군지 궁금하다

뒤에서 누가 나를 미는지 궁금한 날
혹은 얼굴 모르는 내가
한발 앞서 가다가 사라지고
인력거만 갈 때
어김없이 불던 바람

—손님, 어디로 모실까요?
나를 태우고 말없이 걸어가던 바람이
가을 앞에 서성이며
늦은 혼잣말을 배운다

요즈음은 자주 집을 비운다
인력거 장사가 공치는 날 너무 많다

할아버지 시계

할아버지 사 오신 시계는 저 혼자 벽에 남아
몇 점의 괘종소리로 나를 깨우며
노오란 빛깔로 사방에 기대어 있다

밥을 드셔야 걸어가는 세월을 진맥하던 할아버지
나는 바람 속에서 흔들리는 추를 잡고 그네를 탔지
감잎 뒤로 돌아가는 할아버지 기침이 죽죽 검은 금을 긋는 밤

내 깊은 가을을 흐르던 강물 하나 목이 말라 울고 있다
하늘을 떠받친 은쟁반에 그늘이 된 갈대들
우르르 우르르 가을비로 쏟아지는 습기의 밤

할아버지는 내 배를 쓰다듬으며 눈을 보고 계셨던 거지
튼튼한 정맥이 지고 있는 한 짐 그리움이 갈 길
그 겨울을 내다보며 손주 녀석 목숨에 밥을 주었지

할아버지 시계는 의자를 놓고 올라가 밥을 드려야 해
　일 년에 한 번씩 들르시는 겨울밤, 밥 한술 뜨신 시간이
촛불을 흔들고
　마당에는 또 첫눈이 내리고 있다

사과새

 아버지는 식구들에게 꼭 사과새 드시다 남은 사과를 주신다 나는 그 사과가 할배 드시다 남은 쌀밥이려니 하고 냉큼 받아먹는다 새가 버린 사과는 꽁보리밥처럼 누렇게 엎드려 사과를 한다 우리집 과수원에 찾아오는 새는 할배를 닮아 사과 하나를 통째로 다 드시는 경우가 없으시다 꼭 드시다가 남기신다 아무 잘못이 없어도 늘 사과만 하며 살아오신 아버지는 가을이면 찾아오는 사과새에게 어쩔 수 없이 사과밭을 통째로 내어주셨는데 참말 이상한 건 우리집 사과농사는 한 해도 성공한 적이 없고 사과새만 매년 성공하는 것이다 아버지 허리 다치신 올해도 식구들 사과할 일은 많아지고 나는 할배 드시다 남은 사과를 또 기다릴 것이며, 사과새는 겨울이 올 때까지 우리집 사과밭을 단단하게 지킬 것이다

나머지 공부

　받아쓰기 다 틀리고 몽당연필 한 자루 몽당몽당 서러운 날 틀린 거 열 번씩 쓰고 가라는 선생님 말씀 이 나이까지 들판에 남아 몽당연필 한 자루로 나머지 공부를 한다 틀린 사랑 열 번씩 쓰라고 했지 그거 다 쓰고 가라고 했지 열 번씩 쓰고 가라며 바람이 자꾸 분다 틀린 받침 하나를 눈물로 고쳐볼 수 있는 건지 봄비도 막 나머지 공부를 시작하고 있다

가물 현(玄) 배우기

옛날 우리 마을 훈장님은
한울 천, 따 지, 가물 현, 누루 황이라고
가르치셨다

한글을 먼저 공부했던 나는
검을 현을 가물 현이라고
말씀하시는 훈장님을
속으로 엉터리라고 생각했다

불혹 넘어
하늘은 점점 멀어지며 가물거리고
먼 그대 천 리 길을 가물거리면 나는
가물 현 속으로 들어가 보이지 않는
그리움이나 자꾸 읽었다

어른 말씀 하나도 틀린 거 없다는 말씀
그리움 한 짐 까맣게 타들어 가고

백화산 고갯길 흘러가는 저 구름

계집 녀(女)에 밑줄을 긋고
삐침(丿) 하나 툭 치며 너를 보낸다

빈 젖

"에이그, 녀석.
너는 내 빈 젖 참 많이도 먹었다."
하시던 할머니 말씀

상주도서관 앞 벤취에 앉아
밥 대신
빈 젖 먹고사는 나를 만난다

나는 참 많이도 울었다고 한다
그 울음 달래던 할머니 빈 젖

늦은 밤, 하늘을 헤치며 파고들어가
달이 내민 빈 젖을 꿀꺽꿀꺽 먹는다
이제 며칠을 울지 않고 살 것이다

내 삶인 반달 빈 젖
빈 젖인 내 삶

전원코드를 낙엽에 연결하고

중궁암 선우 스님
가을에 외로움 섞는 잡곡밥이 생각나
중궁암 해우소 앞 밥솥 하나 세우셨다
비울 때 채웠던 일 생각하라며
채울 때 비우는 일 꼭 챙기라며
밥 짓는 일 이골이 난 밥솥 보살 데려와
뚜껑 닫은 가부좌로 큰 밥 짓는다

오래된 밥솥님은 말씀이 별로 없으시다
내리는 눈비 다 맞으며
바로 옆 해진 물통 물을 끌어와
오늘도 낙엽의 가슴에 전원을 연결한다
떨어진 것들의 힘으로 밥이 될 수 있을까?
뚜껑을 열면 나비가 날아오를까?

산그늘이 마을로 마을로 내려가고 있었다

제2부

불(佛) 넣기

한겨울 홑겹 입으신 부처님을 냉방 대웅전에 두고
기름보일러 돌리시며 주무시는 주지 스님

대웅전에 불 좀 넣어드려야 하지 않겠냐고 여쭈었더니
추워 봐야
코감기 독하게 걸린 주지 마음 알 거라며 그냥 두라 하신다

또,
싸우셨나 보다

달집태우기

내 그리움은 집이 없다
활활 타오르는 제집 바라보며 모른 척 하늘의 길을 가야 하는 달의 노래는 이제 집 없는 그리움이다

달집을 태운 적이 있었다 그리움이 괴나리봇짐을 싸고 길 나서는 대보름날이었다 멀찌감치 제집 타는 모습 바라보는 달의 얼굴에 그대 모습 울컥울컥 지나가고 있었다 달집 다 태우고 나면 달은 돌아올 곳이 없을 것이다 내 낙동강 그리움도 집이 없을 것이다

강물은 얼었는데 멱을 감는 달빛들… 누군가를 잊기 위하여 강집을 태우면 강은 어디로 가야 하나? 달은 또 어디로 가야 하나? 제집 타는 소리 안타까운 달은 얼굴 가득 그늘이다 아버지를 태우며 '아버지, 집에 불났어요!' 큰소리로 외쳐야 하는 아들처럼 달빛 그리움은 달집을 태우며 하얀 소리를 하늘 높이 걸어본다 세상이 잠시 환하다 이 세상의 집을 벗어나라며 어제부터 낙동강은 세상 밖으로

흐르고, 아버지는 하늘로 가 달처럼 노란 얼굴로 안타까운 당신의 집이 타는 시간을 오래 끌어안고 계셨던 것이다

  바람이 분다 몇 장의 추위로 불을 돌리다가 어차피 외로웠던 달, 쓸쓸했던 달을 넋이 나가도록 바라보던 낙동강이 얼음장 아래의 세월을 자꾸자꾸 거머쥐고, 다시 목쉰 그리움이 노란 시간의 집을 나선다 달은 울어도 나는 울지 않았다 아버지도 울지는 않으셨을 것이다 하늘을 지나는 달의 무게가 조금 가벼워지고 있었다 낙동강이 달섬의 무릎을 슬쩍 건드리는 하얀 시간이었다

체천(體天)

상주시 은척면 우기리 728 무서리 서리서리 서러운 밤

 잠 못 드는 추위 한 패와 들에 나갔던 그리움이 평상에 걸터앉는다 춥다 맨살 아린 달빛들은 식구를 데리고 처마 속으로 도란도란 모여드는데 하늘을 보라고 저 혼자 외쳐대는 소쩍새는 이 겨울 돌아가지 않았다 실핏줄이 아프다 잠 못 드는 21세기 동학쟁이 그리움, 버선발로 기다리는 사랑은 오지 않는다 몸이 하늘이라, 몸이 하늘이라 내리는 눈을 눈으로 보고 눈발처럼 흩날리는 법 일러주던 정아는 돌아오지 않는다 지는 풀잎을 지는 풀잎으로 보다가 풀잎처럼 밝아지는 법 한학에도 없고 노자 장자에게도 없어, 그냥 바라보면 되는 하늘을 아직 바라볼 줄 모르는 우기리는 상주 동학교당(東學敎堂) 처마 밑에서 늙은 담배를 피우는데 어린 나는 정녕 내 이웃을 네 몸처럼 사랑할 수 있는 걸까? 인내인(人乃人) 풀뿌리가 상기도 아프다고 남아있던 온기마저 짐을 꾸리는 밤, 하늘의 높이와 처마에서 떨어지는 눈물을 견주어가며 너무 늦어 우길 것 하

나 없는 우기리는 몸이 하늘이라 외치지 않았다

　체천(體天)의 이 악문 서러움, 천(天)한 그대 몸뚱어리 그리웁다

옆문으로 들어가시오

부처님 전 삼배하려는데
옆문으로 들어가란다

옆문으로 들어가려니
옆문으로 졸업했던
대학이 아파오는데
사랑도 몰려오는데

옆구리 잡고 대웅전 앞마당 구를 수도 없고
마당으로 다시 내려와
정한수 한잔 먹고 옆문으로 들어가는데
부처님 세 분 중에는
옆문으로 들어가 옆문으로 노래한 분이 있어

 손가락 천천히 들어
 부처님 옆구리 쿡쿡 찌르며 옆문으로 들어가는 소리가
법당에 가득했다

놓아주기

비가 오면
그대를 잡고 있던 손이 조금씩 풀립니다
참 많이 비가 내린 오늘
백화산은
잡고 있던 바위를 놓아줍니다
붉은 황토 한 사발
같이 놓아줍니다
잡고 있다는 것이 얼마나 힘이 드는 일인지
오늘 백화산은 또 한 뼘 늙었습니다
백화산이 땀 조금 흘리는 이유
앞개울이 수다를 떨어
화산분교는 그만 휴교를 하였습니다

BC카드

모두 부자 되라며
모두 행복하라며
BC카드 마음 놓고 쓰지만
나는 BC카드를 쓸 수가 없다
오래전의 사랑이기 때문이다

2000년 전의 카드
한 장의 미이라로 시간을 그으면
찌익찍 소리가 나며 네 이름이 인쇄된다

나보다 먼저 출근하던 그리움
엽서 절반 크기의 카드로
너를 그리워한 이 가을을 계산할 수 없다

멀리 묻어둔 사랑이
복도 반대편에서 뚜벅뚜벅 걸어오고
BC카드를 꺼내면 미이라를 깨우는 눈이 내린다

얼마나 사랑했는지 물어보는 여기는 폼페이 주막
시린 손으로 천장의 벽화를 손질하는 어린 주모가
짭짤하게 끓여주는 일회용 커피 한잔 뜨겁다

21세기에 살면서
BC카드 함부로 꺼내지 마라
사랑의 끝을 믿지 않는 신용불량자는
벽화 속 눈 내리는 마을로 가
돌아오는 길을 잃어도 울지 않는다

떠나간 사랑을 믿지 않는 나는 신용불량자
어느 눈 내리는 주막에서 다시 이천 년
훌쩍이는 눈물 기다리고 있을 것이다

편안하다, 가장

절룩거리는 나를 보고
의사 선생님께서는
등뼈가 바르게 놓이지 않아
절룩거리며 걷는다고 한다

절룩거리는 자세가 된 것은
절룩거리는 자세가
가장 편안한 자세이기 때문이란다

내 등뼈가 일러준
가장 편안한 자세

시린 이 계절의 등뼈
언제 바르게 놓이려는지
지금은 독한 그리움이
가장 편안한 자세라고 한다

저 넓고 깊은 집
절룩거리는 가을
편안하다, 가장

절도 미수

절도 미수도 절도죄로 처벌해야 한다면
나는 첫눈과 함께 감옥에 가야 한다

쌓이지도 못하고 마음만 흔드는 첫눈
이것도 첫눈이라고 해야 하나
흩날리다가 그만둔 눈
첫눈 미수
—나쁜 놈

그대를 만날 때마다 첫눈처럼 설레는 나는
늘 절도 미수에 그치고 말았다
그대를 훔쳐 달아나고 싶은 날 많았지만
나는 늘
흩날리다가 그만둔 첫눈이었다 미안하다

오늘은 그 감옥에 가야겠다
함박눈이 펄펄 내리는

허리디스크

겨울이 오자 추억도 얼고
백두대간 등뼈 사이 폭포도 얼어
허연 상처를 내놓고 있다
백두대간 지나는 길
얼어, 얼어서 아픈 폭포 앞에서 사진을 찍다가
이건 예의가 아니라며 그만두고
차가운 얼음에 귀 대어본다
폭포 속으로 들어가 가만가만 물어보는 그대의 안부

등뼈 사이 흰 물질이
백두대간의 허리디스크 아니냐고
겨울은 또 얼마나 아픈 추억이냐고

봄이 올 때까지 기다리는 저 별들 별들
반짝거린다

상주 낚시

낙동강 낚싯줄이 시내까지 내려왔다
박 선생님과 나는
낙동강이 상주에 던져놓은
떡밥을 물고 낙동강에 잡혀갔다

겨울 억새밭을 지나고
갈대밭을 지나고
낙동강 쑥대밭을 지날 때

천 년 강이 품고 사는 가슴에는
이름 모를 새가 날아
이름 모를 이야기에 불붙이며 사는 소리 푸지직 푸지직

쓸쓸한 낙동강은
더 쓸쓸한 내가 들어갈 망태기를 들고
사랑을 기다리고 있었구나 나처럼
사람을 기다리는 낚시를 하고 있었구나

망태기 속의 고기 둘
만나서 반갑다고 인사를 한다
기다란 눈물 속 반가운 박 선생님
그날의 해가 아득히 돌아가는 강물을 달래고
고기 둘, 노을 묻은 강물을 꼼박꼼박 마신다

노을은 강물에 몸을 풀고 물드는 고기떼
쑥대밭 지나가는 바람이
낙동강 전상서의 편지를 쓰는구나
붉다 어, 저녁 해가 낙동강 잡는 낚시를 한다
노오랗게 해 속으로 빨려드는 낙동강

상주에는 가끔 낙동강이 없다
상주가 없다

길

길 바꾸기 공사 부럽다

 내 친구 우진이가 장의사를 하다가 세차장을 하고 다시 건축을 하다가 망해버리고 망할 일 없는 건달로 바뀌듯 요즈음은 해가 뜨면 길 바꾸는 공사를 한다 길이 우진이 직업처럼 자주 바뀐다 다리도 자주 바뀐다 나는 내가 가는 길이나 다리가 이제 그만 비교적 안정된 건달로 바뀌면 좋겠다는 생각을 했다

 어느 날 아침 다리를 건너려는데 훌쩍 개울 아래로 내려간 다리, 우리는 개울을 따라 한참을 뛰어 내려가며 너 왜 그러느냐며 따지기도 하며 새로 옮긴 이 자리가 네 풍경과 어울린다며 거짓 칭찬도 하고 지 필자 지가 구부리며 그럭저럭 살아가는 걸 큭큭 웃으며 살아갈 텐데… 사업 좀 그만 시작하고 제발 가만히 있어만 달라는 부탁을 조용히 수락하는… 그런 꿈 안 꾼 놈 나와보라고 해 길이 저 혼자 길을 옮기고 우리가 그 길을 찾아간다면 사람들

은 늘 두근거리며 길을 기다리고 다음날 옮겨질 길을 걱정 없이 기대하며 놀라며 두 눈 초롱초롱 살아갈 것 아닌가 건달(乾達)이 된 길 위에 서서 어느 하루 우울할 것 아닌가

  나 자꾸 건드리면 건달 그만하고 대박 날 큰 사업 한번 시작할지 모른다 이 길 확 바꾸어버린다 씩씩

겨울 안개

 간이역에 내리는 겨울 안개를 보았다 이제는 마중 나올 그대가 없다며 청춘을 서성거리던 짐승 한 마리 목 놓아 울고 있었다 겨울이 한쪽 주머니에 손을 넣고 들길을 걸어가는데 따뜻한 바람이 불었다 약속이 없어도 사랑을 기다려왔던 겨울 안개는 한쪽 귀를 풀어 시냇물소리를 듣고 싶었다 후후 입김을 불어 언 손을 녹여주고 싶었다 잎이 없는 겨울나무가 기다려주는 일을 직업으로 가졌던 안개의 두 손을 꼭 잡았다 고생 많이 했다며, 이제 눈물 그만 흘리라며… 아직도 안개의 젖을 꿀꺽꿀꺽 마시는 시냇물이 얼음 아래에서 졸졸거리고 있었다 목이 말랐다

 안개의 다리를 천천히 건너가는 도둑을 보았다 안개의 시린 어깨를 훔쳐 고향 뒷산에 묻어야 하는 도둑 나는 안개가 쓸쓸한 겨울의 아내였음을 처음 알았다 두 분에게 미안했다 정말 미안하고 아팠다 오는 길, 갈 곳 모르는 안개를 내려주던 기차가 이제는 내려줄 물건 하나 없다는 듯 다시는 아무 연락 없을 거라는 듯 초사흘 달 속으로 스르

르 미끄러져 가고 있었다 쓰러지는 안개처럼 목이 말랐다

굿

우리 할머니는 굿을 좋아하는 굿쟁이셨다
굿이 있는 날 잠을 자는 것은 불가능했다
이웃집 할머니께서 신대를 잡으셨는데
물음에 관한 긍정은
신대가 흔들리는 것이었다
심한 긍정은 심한 흔들림이었다
이제 할머니의 아픔은 끝이 나고
장손주의 신병도 끝났냐는 물음에
흔들리던 신대
닥종이 냄새를 풍기며
얼굴과 가슴을 쓸어내리던 시원함과
초등학교 먼지털이를 닮아서
높은 곳도 쉽게 올라가던 그 춤이
복숭아꽃 필 때면 다시 추고 싶어진다
그동안 할머니는 돌아가시고
손주의 병은 그리움으로 대체되었고
너 아직 그립냐고 물어보는

삶의 신대가 복숭아 꽃잎 환하게 봄을 흔들며
비포장도로를 달려가고 있었다

시치미

생각의 꼬리에 달아둔 시치미
뚝 떼고 살아가기

아파와도
모른 척하기

눈물 아니라며
하늘을 보았는데 비가 내린다

주인을 찾아가지 못하는 매를 위하여
꼬리에 달아둔 이름과 주소

내 마음의 꼬리에
단단하게 적힌 오래된 부탁

돌아가는 이유

남의 머리 물그릇으로 사용했던 그분은 주인에게 얼마나 미안했겠어?
돌아갈 수밖에는…
게딱지에 밥 비벼 먹다가 문득 그분 생각하노니
남의 머리 밥그릇으로 사용한 나는 얼마나 더 미안해야 하는지

돌아서서 훌쩍이는 한 여인을 보았네
돌아서서 훌쩍이는 바다의 등을 오래 바라보았네

제3부

산벚나무경

백화산 산벚나무 둥치에
부처님 말씀 새기는 봄이
두근거린다

대장경판 새기던
그 산벚 그 여인

집으로 돌아와도
백화산 그 새가 밤새도록
소쩍소쩍(蕭寂蕭寂)
산벚 불경을 실어보낸다

신풍령 휴게소

마음 저미는 봄날
거창군 고재면 신풍령을 넘는다
잔설 남아 쓸쓸한 신풍령은
얼기설기 하얀 구충제를 뿌려놓은
60년대 내 머리

목이 마른 신풍령 휴게소
제 삶을 다 못 태운 오두막 겨울 난로가
쓰러진 참나무 다비재를 올리며
산 냄새 얼마를 내려놓는다 무겁다
다타다닥 다타다다닥 세월의 소리

주인은 없고
손님을 기다리던 삼백초, 어성초가
할 말을 잃어버린 봄
산더덕, 마가목이 삐죽삐죽

데리고 온 추억을 내밀어
나그네는 그만 고개를 돌린다

트로트와 카페 음악을 파는 노래판에는
산 그림자 내려와
속마음 얼마를 간주 속에 몰아넣는다

있을 건 다 있고 주인만 없다
주인 계세요? 주인 계세요?
나그네가 가게 주인을 묻는 것인지
신풍령이 나그네는 누구냐고 묻는 것인지

컵라면, 우동, 유자차, 커피
나름대로 멋을 부린 초등학교 막내가 쓴 글
봄이라고 싹을 내밀고

외부 수리 중인 초봄은

내부 수리 중이라는 팻말을 세워놓았고
수리 중이던 나는 희끗희끗한 신풍령 눈과 녹아
돌돌돌 어린 초봄을 휘감고 내려간다

살구꽃 피는 밤은

별이 듬성듬성 박혀있었다

살구꽃 숫자만큼 잠시 땅으로 내려오셨다

보물찾기

 아무래도 내 어린 날 소풍을 갔던 경천대에는 선생님이 감추어둔 보물이 아직 남아있을 것 같다 울며불며 그 세월을 건너가면 보물이 남아 아직도 나를 기다리고 있을 것 같다 보이는 것도 잘 찾지 못하면서 나는 자꾸 보이지 않는 것을 찾아 길을 나선다 그해 봄 소풍, 나는 보물찾기가 끝난 뒤에도 오래도록 보물을 찾다가 친구들에게 놀림을 당하였고 놀림을 당하면서도 보물을 찾아 더 오래 길을 헤매고 다녔었다 친구들은 병이라고 하고 바보라고 하기도 했다 왕복 두 시간이 걸리는 출근길도 엄마가 김칫국에 밥을 말아주는 고향길도 너에게로 가는 골목길도 모두 그 길과 연결되어 있었다 나는 아직 포기하지 않았다 또 친구들은 병이라고 할 것이다 오늘은 너랑 손을 잡던 경천대에 왔다 조금은 길고 넓고 먼 보물지도 속 사랑섬에 별이 참 많다 먼저 간 친구들이 까만 점을 찍어 놓아 가로등은 점순이가 되었다 나 여기 왔다 갔다며…

 머리가 희끗거리는 낙동강 둑을 소쩍새 혼자 밤새도록

울고 있었다

경주에서

깨진 기왓조각 하나에도
낯익은 이름들이 숨을 쉬는
옛 고을의 이야기는
조양동 구석 갯돌 위에서
젊은 안개로 눈뜨고 싶다
때도 없이 토함산이 흐려오는 날
내가 얼마나 사랑했는지 알겠냐던
두견새 모가지의 견고한 핏덩이가
별이 되어 풀리다가
끝내는 반가상 웃음에 닿아
큰 새벽 하나를 물들이더니
적삼 빛 된 언어들은
안압지의 연잎으로 둥글게 펼쳐져서
우리네 손짓 끝에 돋아나는
연붉은 해로 익어
새벽 석탑의 무게로 다가와
내 방문을 두드린다

─선생님, 일어나셔야지요
석굴암 가려고 아이들 줄 다 섰어요

화산분교 나팔꽃

사라질 학교인 줄 다 알면서
나팔꽃이 핀다

화산분교를 둘러싸고
심지도 않은 나팔꽃이 핀다

이슬인 줄 알았더니
밤새 흘린 땀이었다

꽃 하나 피우는 게 뭐 그리 대단한 일이겠냐만
나팔꽃 퍼런 멍이 온종일 운다

아플 거 다 아프면서
멍들 거 멍들면서 피는 나팔꽃

안으로 들어가지 못하고
둘레에서

귀 기울여야 들리는
안개 목소리로

멍든 어른 나팔꽃
멍하니 퍼런 하늘을 본다

개화

 동백이 핀다 아버지의 통풍이 갑자기 심해지는 봄이었다 부는 바람에 동백이 먼저 아팠다 동백꽃의 관절과 연부조직에 내려앉는 붉은 바다 관절과 마디에 극심한 통증을 야기하는 봄바람이 동백의 뇌를 자극했다 급격히 시작하는 발작성 통증과 나긋나긋한 종창이며 부기 같은 그리움은 아버지의 오래된 눈물이었다 피부가 벌겋게 달아오른 동백이 피고 있었다 통꽃이었다

 봄이 오면 이곳의 모든 환자는 대부분 동백 잎으로 만든 환자복을 입었다 대부분 외래 환자였지만 봄의 해안은 평화로웠다 벌겋게 달아오르는 봉와직염의 봄, 바다의 요산 혈중치가 갑자기 높아지고 통풍의 아버지는 그리움의 높이만큼 꽃이 피는 것을 알고 있었다 치료를 위해 남해안 올레길따라 봄이 자근자근 통풍으로 불어오고 있었다

민들레

콘크리트 사이를 비집고 들어가
터 잡은 나를 보고
오두방정 좀 떨지 마라
산 좋고 물 좋은 정자, 난들 왜 모르겠냐만
내가 너희들에게
끈질긴 생명력을 보여주기 위하여
이곳에 온 줄 착각하지 마라

그냥 여기와 그냥 외롭고 아프게 그냥 사는 나
견디는데
건드리지 마라
견디는 것도 힘이 드는데
건드리지 마라

다운

복싱에 '다운'이라는 게 있다
오늘처럼
한방 오지게 맞고 쓰러지거나
정신 못 차리는 건데
그거 참 묘한 거다
말없이 천천히 지나는 안개는
등에 얼룩무늬가 없다
온몸이 그리움인 마을을 끌고
한나절을 쿨룩거리는 고요
세상은 늘 이긴 놈보다는 쓰러진 놈에게로 가
열을 세는데
안개는 열 셀 동안 일어난 적이 한 번도 없다
일어나고 싶어도 못 일어나는 놈 보고 열을 세는데
열 셀 동안 일어나지 못하면
게임이 끝나는 세상의 법칙
초등학교 1학년이 세는
아득한 미지수 열

하나둘 소리를 들으며 일어서려 해도
발은 말을 듣지 않고
오리무중 알 수 없는 그대
마음만 급한 안개 앞에서
누가 또 열을 세기 시작한다

엉덩이

1

 아주 편안한 자세로 길 위에 앉아보면 안다 굳이 어려운 주역 펴놓지 않아도 지나가는 사람 발소리만 들어도 저게 뭐하는 놈인지 다 알 수 있다 길에 발을 대지 않고 엉덩이를 대고 있으면 엉덩이를 타고 등나무처럼 기어오르는 진동, 길 이야기 달성공원 할아버지들에게 우리들의 사주팔자가 쿵쿵 들키는 이유는 엉덩이에 있다

2

 길 위를 쪼그리고 앉는 것과 엉덩이로 앉는 것은 다르다 낯선 도시의 신호등 아래 엉덩이로 앉아보면 사람들의 사주팔자에 들어오는 파란불 빨간불을 다 볼 수 있다 준비물은 약간의 용기와 소주 반병 안주 약간 그리고 술 취한 표정으로 세상을 보는 것이다 신호등 한쪽 귀퉁이에 앉아 생각도 철도 없이 출근하는 사람, 공부하는 학생, 밤새 울었던 놈, 술 폈던 놈, 그걸 가지고 글을 쓰려는 글쟁이의 얄팍한 사주까지 다 볼 수 있다 가장 중요한 것은 반

드시 엉덩이가 땅에 닿아야 그 엉덩이로 운명의 파동을 들을 수 있다는 것이다 볼 수 있다는 것이다 혹자는 이것을 관음덩이라고 한다는데, 글쎄

후포

후포에는 저녁보다 비린내가 먼저 닻을 내린다
폐선 한 척이 겨울과 어깨동무를 하고
절며 절며 마을을 돈다
마늘 냄새 독한 생활 몇 덩이를
부수며 마시며
후포의 골목골목을 둘러보아도
며칠 동안 볕이 들어오지 않았다
좀처럼 생각나지 않는 바다의 말

후포의 밤을
동네 의원에서 진단하기는 힘들었다
그대가 남기고 간 수만 가지 생활들
부수며, 마시며, 할퀴며 울부짖던 사랑이
전염병처럼 마을을 휩쓸고
좀처럼 방이 나가지 않는 겨울이
문풍지마다 '전세 구함'의 별빛을 흘린다

아직 잠들지 않았다 그리움은
웅크린 안경 속으로
받침 빠진 포구를 어르고 달래며
신발 끈을 새로 매는 비바람
파도는 밤새도록 흰옷을 갈아입었다
푸른 수의(囚衣)를 입고 있다가
저녁마다
하얀 수의(壽衣)로 갈아입는 후포 앞바다
또 그리움 넘어지는 소리가 독하다

수의(囚衣)를 입고 있던 바다가
수의(壽衣)를 준비한다 먼 곳에서
그대가 오고 있다

깡통

선생님이 나를 깡통이라고 부르고 난 뒤
그중에서도 빈 깡통이라고 불려지고 난 뒤
나는 껍데기가 점점 단단해지는 번데기가 되고 있었다
깡통이 되고 있었다
간단하였다 나를 비우는 일은
아무 일 없이 휴게소 자판기를 빠져나와 나를 비우고
오래도록 풀밭에 앉아 저녁놀을 마시다가
왜 굳이 우리의 지구 그네는
운동장의 한쪽 구석에서
빈 깡통으로 돌아야 하는가에 대하여
왜 굳이 우리는
분리수거를 해야 하는가에 대하여
조금씩 깨달아가는 저녁달로 깊었고 해가 지면
분리수거함 깡통의 빈자리로 들어가면 그만이었다, 한 때는
시냇가에 처박혀 스스로 녹스는 소리 들어야 할 때에도
친구 정부처럼 직장암은 직장으로 하여금 낮게 하는 거

라며
　병원에 가지 않는 법
　아름다운 깡통으로 텅 비어가는 법 혹은
　어린 송사리의 가두리 양식장이 되는 법
　죽어가는 것들과 이미 죽은 것들의 분리가 잘되지 않은
　지구의 한쪽 귀퉁이에서
　스스로 녹스는 번데기도 석사과정에서 다 배우며 살았
다
　분리수거함 속 옹기종기 모인 종족의 하루를 보며
　나는 울지 않는 깡통이 되려고 가을보다 깊이
　텅텅 비어가는 혈통 있는 깡통이 되고 있었다
　철저한 번데기가 되고 있었다

이두로 쓰는 사랑

아프지만 아직
소쩍새는 제 글자가 없어 문자를 빌려 쓴다
슬픔의 제 밥그릇 적다고
밤새도록
산에 새기는 이두
생각하는데 20년
쓰는데 20년
해독하는데 20년

이두로 쓰는 사랑

금순이 사랑하는 찌질이
시린 돌을 차면서 집으로 간다

투옥 투옥 투옥 투옥

문자메시지

저장공간이 25퍼센트 남았다는
휴대폰 문자메시지

더 이상의 그리움은 저장할 수 없다는
문자메시지가 내 몸에 뜬다

어찌해야 하나
어찌해야 하나

꽉 차서 텅 빈
이 사막을

토스

배구 토스할 때 인상 좀 쓸 수 있다
'마이' 라고 외국말도 좀 쓰며 오두방정을 떨 수도 있다
그래도 토스보다 얼굴에 신경 쓰는 경기는 마음 아프다

토스는 대충하고
인상만 벅벅 쓰는 노래 부르지 마라
내가 토스했다고 너무 잉잉거리지 마라
토스는 어차피 혼자 하는 거다
그거 도와주지 않는다고 섭섭해 하지 마라
그 시간 그곳에서 네게로 간 공을
잠시 아주 잠시 붙들고 이내
그가 갈 방향으로 보내주는 거

소나무가 오는 바람을 제 방향으로 휘이휘이 보내주듯
토스는 오는 공을 갈 방향으로 보내주는 거다

마음 아프더라도 어금니 악물고

그냥 표정 없이 그냥 보내는
아름다운 그냥

그냥 토스하는 거다
너무 오래 붙들지 마라 홀딩이다
잠시 네게 왔다가는 공
그거 울리지 마라 어깨에 힘 빼고
손가락 끝에만 약간 힘주어, 울며 힘주어
눈물인 듯 바람인 듯 토스하여라

제4부

동행

비가 오면 나도 청개구리처럼 울어야 한다
강가에 잘못 묻어둔 추억 때문이다

장래희망

 타제석기 시절이 무너지며 철없이 덧없이 내 사랑은 시작되었다 타제석기로 보리를 타작해오던 마을에 발동기의 상륙은 산업혁명이 되었고 발동기의 주인은 이장보다 공작보다 타작보다 높아만 가던 시절이었다 탕탕탕탕 지금도 울어대는 발동기소리가 눈멀고 귀먼 사랑이 될 줄이야 보리타작이 쉬는 시간, 잠시 멈춘 발동기에 주인 몰래 다가가 온 힘으로 매달려도 돌아가지 않던 사랑이 내 석기시대를 흔드는 눈먼 그리움 될 줄이야

 내 장래희망은 발동기 주인이 되어
 돌아갈 수 없는 세월 한번 시원하게 돌려보는 것이었다
 탈탈탈탈 탈탈탈탈
 탈 없이 원 없이 철없이
 당신 한번 돌려보는 어른이 되는 것이었다
 이 세상 한번 돌려보는 것이었다

천태산 부스럼

 갈 곳이 없는지… 엉덩이 부스럼 편하게 오래 앉아있다 몸에 부스럼이 나면 약을 바르지 않고 그냥 그대로 둔다 내 몸도 36.5의 온도와 붉은 습기가 있고 산 좋고 물 좋은 곳이라 부스럼이 생긴다 바라보기 뭐하지만 긁지 않고 그대로 둔다 거기 그대로 살라며…

 천태산 영국사 아래 벌통사 보았다 영국사에게는 벌통이 부스럼이다 슬쩍 긁어버리고 싶었지만 그냥 두고 왔다 벌통이 앉아있기 편한 모양이다 산 좋고 물 좋고 꽃 좋은 천태산 어? 은행나무도 퍽 오래 앉아있다 영국사도 아직 내려가지 않고 앉아있다 편한 모양이다 긁지 않고 모른 척 그냥 내려왔다 거기 그대로 살라며…

뿌리 거두기

걱정없는 집 없겠지만 늘
아무 일 없는 듯 내숭 떨고 살아가는
노악산 중궁암 오르는 길 길섶네에게도
스르르 넘어진 아름드리 나무 걱정이 있다
그가 남겨둔 뿌리가 있다
뿌리 두고 간 자국이 붉다
처음에는 우주의 행성 하나가 발에 걸려
넘어지듯 쿵 소리가 높았지만
계절 하나 지나자 길섶네는 그냥
나무 하나 잠시 왔다가 떠난 것이라며
중궁암으로 관음절 바람을 자꾸 실어 날랐다
사라진 행성들의 뿌리는 어디 있을까?
이제 길섶네의 일은
나무뿌리가 살다간 자리를
본래의 궤도로 돌려주는 일이었다 버섯과
좀벌레, 그리고 세월을 불러와 흔적을 지우는 일이었다
여기 나무 한 그루가 살았었다는 이야기를 하지 않는

것이었다
　천천히 그녀의 뿌리를 거두는 일이었다 별의 뿌리처럼
　아무도 모르게 말끔하게 치우는 일이었다

　모든 뿌리는 가슴에 내린다는 그날의 별자리가
　하늘가 아득한 곳에서 잠시 반짝이고 있었다

말년휴가

 방황하던 우리 할머니 호스피스 병동으로 말년휴가 떠나셨다 막냇손주가 말년휴가를 받던 날이었다 이 세상에 손주가 태어나던 날도 인큐베이터에 불이 들어왔었는데 할머니의 하얀 인큐베이터에도 불이 들어왔다 받지도 않는 인사를 드리고 나오는데 달이 뜬다 달뜨는 시간이 하루하루 달라지는 것은 침상 머리맡을 칼금으로 그어가며 제대를 기다리는 할머니의 병장생활이 이미 녹록해진 까닭이다

 인큐베이터 들어올 때는 모두가 아름다운 미숙아 온전하게 키워내어 밖으로 내보내는 간호사들 바쁘다 졸업식을 새로운 시작이라고 외치며 잘못 살아온 우리의 말년휴가는 너무 외롭다 취업대란이라지만 할머니는 말년휴가를 마치고 편안한 직장에 취업을 할 것이다 말년 병장 할머니의 인큐베이터에 맑은 달이 떠올라 이 세상에서 가장 느린 걸음으로 서쪽으로 가고 있었다

살구 보살

난전에서 어머니보다 나이가 많은 할머니에게
매실을 사왔는데
몇 번을 살피던 어머니
풋살구라 하신다
나무에서 떨어진 풋살구라 하신다

그 소리 듣고 펄펄 뛰는 아들에게
매실보다 살구가 꽃이 좋은 거다
꽃이 좋으면 다 좋은 거라 하신다

화내지 말고 찾지도 말아라
그 할망구 너에게 살구 보시하였구먼

나 원 참, 깐깐한 울 엄마를
관세음보살로 만드는 살구 보살

그리움과 나

손주보다 고추가 상전이던 시절이었다
손주보다 누에가 상전이던 시절이었다
방안 가득 상전들이 누워있으면
어느 한쪽 귀퉁이 실실 눈치를 보며
비집고 들어가 잠을 청했지

할머니는 잠버릇이 고약한 내가
고추를 못살게 군다고 나무라셨다
누에를 못살게 군다고 나무라셨다

오늘은 그리움이 상전이다
방안 가득 그리움이 고여 흐른다
실실 눈치 보며
비집고 들어가 잠들 곳이 없다
할머니는 또
그리움을 못살게 군다고 나무라시겠다

나보다 그리움이 상전이다

자갯돌

정산리 갯도랑을 걷는다
무심히 던지던 자갯돌이
예쁜 제 친구 하나를
온종일 그리워하고 있었다고 생각하면
던질 수가 없다
밟을 수가 없다
자갯돌 하나를 가져올 수 없다

저희들끼리 베고 누워
햇살도 마시고
흐르는 물로 상처를 보듬던 자갯돌이
떠난 친구를 그리워하다가
어느 날 외로워질 걸 생각하면
갯도랑이 갑자기 적막해지고
사는 게 갑자기 눈물이 난다

졸졸졸 외롭다는 소리

가엾다
사랑이 사랑에 엎드린 모든 것의 내일은

바탕화면에 비는 내리고

한 여자를 바탕화면에 깔고 산 적이 있다

컴퓨터를 켜면 제작회사 로고가 지나가고
이내 그대가 뜬다
내 삶의 바탕화면에 비가 내리고
그대가 지금 우산을 받고 있다
그대가 좋아한다는 비를 맞고 있다

네 문서
네 컴퓨터
네 네트워크 환경
휴지통
푸른 멍 가득한 인터넷 익스폴로 아이콘이
추억처럼 비를 맞는다

하얀 마우스 포인트가 낮달처럼 흘러가다가
그대 물에 잠긴 발자국에 풍덩 빠진다

이 세상의 바탕화면에 단풍을 깔기 시작하는 가을
단풍에 빠진 한 남자가 온종일 물이 들고

그대가 높이 울어 나는
아직 시스템 종료에서 끄기를 선택하지 못하고 있다
내 삶의 바탕화면에
하염없이 비는 내리는데

구멍

김 선생님의 시 「운동화」를 읽던 날은
눈이 많이 내렸다
차가운 눈물이 구멍 난 운동화 속으로 들어가며
따뜻해지고 있었다
5년 동안 만들어온 운동화의 구멍으로
이 세상의 낮은 구멍과 인연을 맺는
아름다운 어른
소라의 빈자리가 아파
소라의 마음을 꺼내어 초장에 찍지 못하는 마음

세상의 어떤 구멍에서도
보석을 챙겨 아름답게 읽어주는
아름다운 낭송가

운동화 구멍에서
슬픈 뒤꿈치를 꺼낼 수 없는 날
겨울바람은 외롭기도 하셨겠지만

담당과목이 미술인 선생님은
또 그 구멍으로 그려야 할 세상이
넓어지고 있었으므로
운동화의 구멍이 세상보다 조금 더
넓고 따뜻해지기를 빌어보는
구멍 난 구멍 독후감

딱지치기

1
요즈음 아이들은 왜
딱지를 접지 않나요?
내 묻어둔 시간의 갈피에
문득 문득 돋아나는 어머니 눈물
하루종일 일어나는 밤 파도소리와
차라리 보지 말았어야 했을 이정표와
넘어질 방향으로 넘어지는 저 딱지도 숙명인 것을
난들 왜 모르랴만
아직 내가 접어야 할 딱지는 너무 깊고
바다의 푸른 딱지는
아무리 때려도 넘어가지 않는다
바람이 절반인 나는
낮에도 피어나는 하현달 달맞이꽃
북북 달빛을 찢어
밤마다 빨랫줄에 널던 어머니
끝없는 불면이 진을 치는 내 핏빛은

장롱 속에 감추어
저 혼자 넘어지고 일어서는 딱지였구나
십 리 밖에는 잘도 싹트는 파도
오장 벽은 그리움 가두리 양식장
그리움은 저 혼자 놀기가 두려워
시간과 딱지를 친다
누가 이기고 누가 지는지
오늘은 속이 너무 쓰리다
짙어진 바람을 소리소리 외쳐도
하얀 저 바다는 내 목으로 넘어오지 않는다
새 학년 새 학기 국어책 한 권을
딱지로 다 잃어본 사람은 더 이상
돌아오는 배로 딱지를 접지 않는다

2
일주일을 꼬박 울어도
눈물은 조금도 줄어들지 않는 바다

녀석이 밀수해온
금빛 목성을 가슴속에 숨기고
깊이 깊이 혀를 밀어 건져 올린 은빛 숭어떼
이제 모든 시간의 불도저도 잠드는 시간
그 건물 8층에는 아직도
21세기로 오지 않은 사람들이
옹기종기 모여 금으로 접은 딱지를 치고 있단다
바람은
내 사랑에 내가 살아야 할 섬을 만들어가고
수십 일을 세워 온 숭어 양식을
딱지 접기로 몰아세운다
새까맣게 일어서는 숭어떼
또다시 혈관을 북적대는 바람이 불고
무참하게 뽑혀지는 체온과 맥박들만
21세기의 발길에 저벅저벅 밟힌다
하얀 병동 천장 위로 퍼덕이는 나의 딱지들
세상의 눈살에는 넘어가지 않는다

3

 지친 나는 이제 떠난다 사랑관리소 809호에 흐르는 반쪽 노래는 문화회관 앞마당 분수 속에 버려야겠지 또다시 시간을 접어 딱지치기를 하는 거야 소주 몇 병으로 서산도 물들 게고 그때를 잡아 하루종일 달이 지는 하늘 위로 반쯤 남은 일기장을 하얗게 태우는 거야 바삭바삭 흰 재는 꿈이 되어 날아가며 목이 메이고 울컥울컥 고장 난 자동차처럼 시동을 걸 때마다 몇 센티미터씩 옮겨지는 그리움 일기장 갈피마다 깊이 깊이 잠들던 바다랑 은빛 숭어 떼를 깨워 다시 딱지를 치는 거야 어린 날 내 꿈을 감금했던 그리움과 낮이 새도록 암, 하현달이 지고 있으니

우는 기와

경주에서 처음 너를 봤을 때
나도 웃었다

깨어진 기와 속에서
조르륵 햇살처럼 쏟아지던
천 년의 길이로 된 웃음소리 잠을 깨웠지

한때는
수학여행 아이들을 붙잡고
깨어져도 웃는 법 강의도 하며
나는 귀먹은 줄 모르고 살았지

수직의 빗물이 종축이 되고
수평의 바람이 횡축이 되고
가난한 좌표에 네 점을 찍던 날

왜, 깨어진 기와의 웃음 뒤에서

클럭쿨럭 기침 같은 울음소리 몰려나온 걸까?

웃는 기와 우는 소리
울지만 웃는 소리

깨어져 깨어짐을 비우는
깨어져도 웃는 집 한 채의 어깨 들썩임

다시 돌아가고 있다

무너지지 않기 위하여

50년 지난 촌집도
사람이 살면 무너지지 않는다

내보내고 싶지만
마음 안에 살던 촌년 그대로 두기로 한다

50년 지난 이 촌놈
무너지지 않기 위하여

해설

이성적 시선과 동적 사유, 그리움의 시학

박찬선(시인)

1. 머리말

문단의 원로 평론가가 고희를 넘어 시를 발표했다고 해서 화제가 된 바 있다. "결국 시인이 되기 위해, 시를 통해 글쓰기의 마지막 승리를 위해 50년 동안 글을 써 왔다"고 했다. 한두 권 정도는 읽지 않은 사람이 없을 정도로 국민 독본처럼 인기를 모았던 에세이와 소설과 희곡을 썼던 대가의 글쓰기 마지막이 시라니 시의 위상이 새삼스럽게 돋보인다. "시는 모든 지식의 숨결이자 정수(精髓)"라는 워즈워드의 말이 실감난다. 시인이 많은 나라, 희소가치가 떨어진 시대의 시인이지만 이승진 시인의 경우는 일관된 주제의 천착으로 개성 있는 시세계를

펼치고 있다. 이승진 시인은 첫 시집 『사랑 박물관』의 '사랑'에 이어 두 번째 시집 『엄마 붓다』를 상재하여 '그리움'을 주제로 한 집중성을 보여준다. 이것은 마치 광맥을 따라 채굴해 들어가는 광부(선산부)의 역할처럼 시의 광맥을 줄기차게 파내는 작업을 이룬다.

그리움은 인간의 보편적 정서로서 일상적으로 많이 쓰이는 말이다. 사랑, 행복, 추억이란 말처럼 자주 쓰이는 말이며 특히 시문에 있어서는 사용 빈도가 높은 말이다. 그만큼 우리의 마음속에 깊숙이 자리 잡고 있는 감정의 한 요소이다. 그리움하면 대뜸 떠오르는 것이 "그립다/말을 할까/하니 그리워/그냥 갈까/그래도/다시 더 한 번" 이나 "봄 가을 없이 밤마다 돋는 달도/예전엔 미처 몰랐어요//이렇게 사무치게 그리울 줄도/예전엔 미처 몰랐어요"라고 읊은 김소월의 시 구절이다.

'그리움'은 "사모하다, 보고 싶어 그리운 마음을 품다"라는 뜻을 지닌 타동사 '그리다'의 명사형으로 보고 싶어 애타는 심정을 뜻한다. 또 그리는 마음이 간절함을 나타낸 말로 형용사 '그립다'가 있다. 인간의 오욕칠정에서 따진다면 애(愛)에 해당될 터인데 누구나 품고 사는 일반적 감정이다. "우리들이 쫓겨나지 않아도 되는 유일한 낙원은 그리움이다"라는 J 파울의 말은 그리움이 그 대상을 향한 진술하면서도 간절한 희원의 정이 담겨있기 때문이리라.

그리움을 나타내는 한자성어도 우리말 못지않게 풍부하다. 상사일념(相思一念. 오직 임 그리는 마음)이나, 일단상사(一但相思. 오직 한 가지 그리워 생각하는 것)나, 오매불망(寤寐不忘), 전전반측(輾轉反側), 전전불매(輾轉不寐)처럼 이리저리 뒤척거리며 잠을 이루지 못함과 임 그리워 잠이 오지 않는 상태를 나타낸 말들이 다 그렇다. 그리고 떠나온 자식이 어버이를 그리워한다는 백운고비(白雲孤飛)도 상통하는 말이다. 이런 점으로 볼 때 인간은 그리움의 존재다. 그리움을 먹고 살다가 그리움 속에 마감하는 존재이다. 이 세상에 그리움 없이 사는 사람은 없다. 그리움은 인간의 존재 근거다. "내 그리움은 집이 없다"(「달집태우기」)고 한 이승진 시인에게 그리움은 어떤 모습으로 나타나는지 보도록 하자.

2. 원초적 그리움

손주보다 고추가 상전이던 시절이었다
손주보다 누에가 상전이던 시절이었다
방안 가득 상전들이 누워있으면

어느 한쪽 귀퉁이 실실 눈치를 보며
비집고 들어가 잠을 청했지

할머니는 잠버릇이 고약한 내가
고추를 못살게 군다고 나무라셨다
누에를 못살게 군다고 나무라셨다

오늘은 그리움이 상전이다
방안 가득 그리움이 고여 흐른다
실실 눈치 보며
비집고 들어가 잠들 곳이 없다
할머니는 또
그리움을 못살게 군다고 나무라시겠다

나보다 그리움이 상전이다

—「그리움과 나」 전문

 살기가 어려웠던 궁핍한 시절 농촌의 풍정이 떠오른다. 육칠십 년대 농가 부업으로 으뜸을 차지하고 있던 것이 누에치기다. 잠실을 별도로 지어서 누에치기를 하지 못하는 농가에서는 큰방 작은방 가릴 것 없이 전부

잠실로 사용되었다. 누에가 클수록 잠박도 늘어나고 자연 생활공간이 줄어들어 잠자리마저 불편해졌다. 그러나 고치 수확을 위해서는 참을 수밖에. 아무렴 고추나 누에가 손주보다 더 귀할까마는 가정 살림을 생각하는 할머니의 누에치기와 고추 말리기가 실감이 난다. 건조기나 비닐이 나오기 전이라 때를 놓치면 한철 농사가 폐농하게 되니 참을 수밖에. 고추와 누에가 아랫사람인 종에 대하여 주인이 되는 상전으로서 주객전도의 자리에 있게 되었다. 우리는 여기에서 일차적인 소외를 경험하게 된다.

  그런데 "오늘은 그리움이 상전"으로 방안 가득 차있고 "비집고 들어가 잠들 곳이 없"게 되었다. '나보다 사랑이 상전이요, 그리움이 상전'이 되었다. 세월이 흐른 뒤 다시 나의 주인 자리에 있는 사랑과 그리움, 도대체 그 실상은 무엇인가? 여기에서 우리는 이차적 소외를 읽게 된다. 앞의 경우는 고추와 누에라는 사물에 의한 것이라면 뒤의 경우는 사랑과 그리움의 정신에 의한 것이다. 객관적 사물에서 주관적인 정신으로 전이된 상전에서 이승진 시인이 추구하는 시의 핵심을 감지하게 된다. 다시 말하면 소외와 갈등을 통한 체험에서 얻어진 시의 중심에는 그리움이 차지하고 있다. 그리움은 시의 화두이다.

저장공간이 25퍼센트 남았다는
휴대폰 문자메시지

더 이상의 그리움은 저장할 수 없다는
문자메시지가 내 몸에 뜬다

어찌해야 하나
어찌해야 하나

꽉 차서 텅 빈
이 사막을

—「문자메시지」 전문

　휴대폰은 현대과학의 산물이자 문명의 이기이다. 대화와 메시지와 사진을 통한 의사소통과 통신수단으로서의 휴대폰은 필수품이 되었다. 휴대폰 소지자가 4천 5백만을 넘었다고 하니 국민 개개인이 거의 한 대씩 소지하고 있는 셈이다. 빠른 정보 매체의 변화에 따라 생활의 변화도 뒤따랐다. 문자메시지는 그 내용이 어떻든 상대에 대한 관심의 표현이다. 하나의 작은 섬으로 상징되는 현대인, 그 섬으로 가고 싶은 그것은 통틀어 그리움이다.

'그리움의 저장공간이 얼마 남지 않았다'는 것은 그만큼 저장이 많이 되었다는 것이요, 내가 관심의 표적이 되었다는 것이다. 이것은 즐거운 일임에 틀림없다. 그러나 한편으로 한계에 닿은 어떤 절박감을 일러주기도 한다. 저장된 것을 비우고 새로 담길 공간을 마련해야 하기 때문이다.

그런데 "꽉 차서 텅 빈/이 사막을" "어찌해야 하"냐고 의문의 탄식을 술회하고 있다. 빈틈없이 가득 차서 오히려 텅 빈 사막이라니 아이러니도 이만저만이 아니다. 텅 비었다(empty)는 것은 여가, 휴식, 그대 마음이 그 어느 곳에도 가 있지 않음, 긴장이 없음을 이름이며 100퍼센트 지금 여기에 있음이다. 따라서 텅 빈 이 사막(마음)은 순수한 현재다. 이것을 통해서 모든 것은 가능하다. 존재 전체가 순수 현재로부터 시작된다.

중국의 철학자 왕필은 노자와 마찬가지로 철학적 문제의식의 근본적 사유에 충실하여 참된 도를 추구했다. 그 결과 무를 근본으로 하는 이무위본(以無爲本)을 세웠다. 이것이 왕필 철학의 기본인데 무(無)를 본(本)으로 삼고 유(有)를 말(末)로 삼는 귀무론(貴無論)이 노자 독법의 기본이다. 가득 차있음을 유(有)로, 텅 비어있음을 무(無)로 본다면 있으면서도 없는 허망함은 어디서 비롯하는가.

그리움은 쌓이고 쌓여도 부족하여 갈증을 느끼고 다시 갈망하는 심리적 공허, 그것도 모래와 바람뿐인 황량한 사막으로 상징되는 삶의 현장은 삭막하기만 하다. 이승진 시인의 현실인식은 포화상태에 이른 물신의 팽배 속에서 먹어도 먹어도 허기진 현대인의 정신적 빈곤을 드러내고 있다. 물질적 현상[色]으로 차있으면서도 비어있는[空] 그 자리가 곧 시가 들 자리요 사랑과 그리움이 들 자리이다. 원초적 그리움은 허기진 마음에서 비롯한다.

3. 인간에 대한 그리움

주변 백 리
그리움 때문에 쓰러지지 말라며
깃을 접는 새

그리우면 그리운 만큼 그리워하는
저 노을을 위하여

사랑하고 그 나머지 힘으로 걸어가는
서산을 위하여

한 사람을 사랑하고

그리움 쌓아가는 최 부자 사랑법

　　　　　　　—「최 부자 사랑법」 부분

  경주 최 부자의 부자론은 이미 잘 알려져 있다. "과거를 보되 벼슬은 진사 이상은 하지 말고 재산은 만 석 이상은 모으지 마라. 흉년에는 땅을 사지 마라. 사방 백 리 안에 굶어죽는 사람이 없게 하라. 과객을 후하게 대접하라"는 교훈의 근원은 인간애에 바탕을 두고 있다. 이것은 로마가 한 나라로서 천 년을 지탱하도록 받쳐준 철학이 '노블레스 오블리주' 즉 높은 사회신분에 상응하는 도덕적 의무라고 한 것이나 다를 바 없다. 행여나 변신이라도 하여 탐욕을 부린다면 노을을 그리워한 뜨거운 서산마냥 그리움만 쌓아가는 사랑법을 확인시켜주고 있다. 선행을 쌓는 집안에는 반드시 경사스러움이 있다지만 그리움만 쌓는 사람에게는 깊어지는 사랑만 남을 것이려니.

  읍내 지리도 잘 모르는 엄마가 어쩌다 병원 중환자실로 가출을 했다 면회시간, 문을 열고 들어가는데 엄마는 아들에게 관심이 없다 얼굴이 붓고 표정도 없다 중궁암 부처님을 닮으셨다 나는 누구냐며 다정하게 물어도 '몰라' 큰아들 어디 갔냐며 큰아들이 물어도 '몰라' 엄마는 이 세상의 모든 경전을 '몰라' 두 글자로 줄이고 중환자실 복판에 자리 잡은 환자 중이다 입동 지난 하늘의 얼굴이 자꾸 붓는다 주차장 계단을 돌아내려 오며 우리 엄마 붓!! 우리 엄마 붓! 우리 엄마 붓! 혼자 중얼거리는데 묵언수행 중인 눈이 내리기 시작한다

—「엄마 붓다」 전문

이승진 시인의 자당께서 돌아가시기 전 병원 중환자실에 입원하셨을 때의 이야기다. 의식이 깜박깜박 정신이 흐려진 상태에서 어떤 무엇에 관심을 가지고 지각한다는 것은 어려운 일일 게다. "얼굴이 붓고 표정도 없"는 "중궁암 부처님을 닮으셨"단다. 부처는 불타(佛陀) 곧 깨달은 사람 붓다(Buddha)이다. 이 세상에서 제일 아름다운 얼굴, 편안한 얼굴, 조용한 얼굴이 부처님 얼굴이다. 착한 마음을 해하는 세 가지 독소인 탐진치(貪瞋癡) 삼독심(三毒心)을 버리고 고집멸도(苦集滅道) 사성제(四聖諦)의 진리를 이룬 가장 깨끗하고 티 없이 맑은 얼굴이 부처님 얼굴이다. 생사를 초월한 견자(見者)의 모습이 숭엄(崇嚴) 모습이 부처님 얼굴이다.

큰아들이 물어도 '몰라' 모든 물음에 '몰라'로만 일관하는 엄마의 '몰라' 경전. 그것은 인간 생존의 첫 물음이자 마지막 물음에 대한 대답이 아닐까? 모른다는 것을 아는 것 그것이 바로 아는 것이라고 하지만 '몰라'라는 말에는 아는 것과 모르는 것을 초월한 경지이거나 '몰라' 자체가 알고 있다는 달관의 경지를 이르는 것이 아닐까? 그리고 엄마 "얼굴이 붓고", "입동 지난 하늘의 얼굴이 자꾸 붓는다"고 할 때 '붓는다'의 기본형이 '붓다'이니 그것은 부처를 말하는 '붓다'와 동음이의어(同音異議語)로서 음의 상사에서 오는 여운을 남긴다. 세상의 고뇌와 중병을 앓고 있는 환자 중인 엄마. 한결같이 '몰라경'을 독송하고 있는 "엄마 붓다!/우리 엄마 붓다!"라고 중얼거림 곁에 "묵언수행 중인 눈이 내리기 시작"하는 정적이자 동적인 이미지가 시적 분위기를 한층 고조시켜준다. 그렇다. 자식에게 있어서 엄마는 부처이자 보살이요, 온실이자 보금자리이다. "엄마 붓다"는 엄마 부처다.

50년 지난 촌집도
사람이 살면 무너지지 않는다

내보내고 싶지만
마음 안에 살던 촌년 그대로 두기로 한다

50년 지난 이 촌놈
무너지지 않기 위하여
　　　　　　　―「무너지지 않기 위하여」 전문

　아무리 좋은 집이라도 사람이 살지 않으면 이냥 퇴락하고 만다. 썰렁하고 찬바람이 분다. 사람의 훈기와 따스한 정이 집안 구석구석에 배어서 집을 튼튼하게 지탱하여 준다. 단순히 존재로서의 촌집과 존재자로서의 촌놈은 그리움의 교호(交互) 작용으로 하여 마음 안의 촌년으로 존재한다. 촌집이라지만 50년 정이 든 집이요, 그 집안에 살던 무던한 촌년이 아니던가. 그 촌년을 내보내고 넓고 큰 호화로운 집에 아름다운 여인을 새로 들여서 살 수도 있지만 아예 접어두었다. 시류에 약삭빠르지도 못하면서 조금은 우둔하고 우직하여 무너지지 않는 버팀목이 되어주었으니 얼마나 다행한 일인가? 사람이 가진 온갖 그리움만 가득 채워서 진열해둔 「무너지지 않기 위하여」에는 그리움이 있어서 무너지지 않는 시인의 의지가 고스란히 담겨있다.

4. 동심에 대한 그리움

 아무래도 내 어린 날 소풍을 갔던 경천대에는 선생님이 감추어둔 보물이 아직 남아있을 것 같다 울며불며 그 세월을 건너가면 보물이 남아 아직도 나를 기다리고 있을 것 같다 보이는 것도 잘 찾지 못하면서 나는 자꾸 보이지 않는 것을 찾아 길을 나선다 그해 봄 소풍, 나는 보물찾기가 끝난 뒤에도 오래도록 보물을 찾다가 친구들에게 놀림을 당하였고 놀림을 당하면서도 보물을 찾아 더 오래 길을 헤매고 다녔었다 친구들은 병이라고 하고 바보라고 하기도 했다 왕복 두 시간이 걸리는 출근길도 엄마가 김칫국에 밥을 말아주는 고향길도 너에게로 가는 골목길도 모두 그 길과 연결되어 있었다 나는 아직 포기하지 않았다 또 친구들은 병이라고 할 것이다 오늘은 너랑 손을 잡던 경천대에 왔다 조금은 길고 넓고 먼 보물지도 속 사랑섬에 별이 참 많다 먼저 간 친구들이 까만 점을 찍어 놓아 가로등은 점순이가 되었다 나 여기 왔다 갔다며…

 머리가 희끗거리는 낙동강 둑을 소쩍새 혼자 밤새도록 울고 있었다

—「보물찾기」전문

  초등학교 다닐 때 소풍가서 보물찾기는 아름다운 추억의 하나다. 선생님이 감춰둔 보물이 세월이 지나서도 남아있을 것 같아 그리움의 보물지도를 적어두고 찾으려고 하는 것, 그 행위 자체가 어리석다는 생각이 들지 않는다. 이것은 변하지 않는 진리인 금강 바라밀이 된 달빛을 소쩍새가 읽고 있는 밤의 정서와 보이지 않는 기다림의 섬인 작은 글씨로 적은 보물지도의 참신한 비유에서도 읽게 되지만 우리는 누구나 소박한 보물지도를 간직하고 있음이 아닌가. 이러한 동심의 발상은 사치도 아니며 허황된 꿈도 아니다. 더구나 그 보물이 값진 것이 아닐지라도 서운해 할 이유가 없다. 그리고 그 보물이 물건이 아니고 정신적인 것이라면 더욱 그러하다. 우리의 내면세계에 잠자고 있는 보물섬 같은 존재의 기대의식을 일깨워주고 간직하게 하는 것은 삶의 동인이 된다. 보물찾기는 그리움 찾기요 그리움 만들기이다. 삶의 보물찾기는 끊이지 않고 계속된다.

  지친 나는 이제 떠난다 사랑관리소 809호에 흐르는 반쪽 노래는 문화회관 앞마당 분수 속에 버려야겠지 또

다시 시간을 접어 딱지치기를 하는 거야 소주 몇 병으로
서산도 물들 게고 그때를 잡아 하루종일 달이 지는 하늘
위로 반쯤 남은 일기장을 하얗게 태우는 거야 바삭바삭
흰 재는 꿈이 되어 날아가며 목이 메이고 울컥울컥 고장
난 자동차처럼 시동을 걸 때마다 몇 센티미터씩 옮겨지
는 그리움 일기장 갈피마다 깊이 깊이 잠들던 바다랑 은
빛 숭어떼를 깨워 다시 딱지를 치는 거야 어린 날 내 꿈
을 감금했던 그리움과 낮이 새도록 암, 하현달이 지고
있으니

—「딱지치기」 부분

보물찾기에서 이제는 딱지치기다. 어린 시절의 놀이. 한쪽 발을 바짝 붙이고 힘 바람으로 내리쳤던 딱지치기는 신바람치요, 흥치기요, 넘겨져서 차오르는 기쁨치기였다. 종이로 접은 딱지 한 장 한 장에 왜 그토록 집착하고 집념을 가졌던지 생각하면 천진하다고 할밖에. 깊이 잠든 바다와 은빛 숭어떼를 깨워 딱지를 치고 "꿈을 감금했던 그리움과 낮이 새도록" 딱지를 치겠다는 어린 시절로 옮겨가는 그리움은 정신의 활력과 미소를 자아내게 한다. 동심에 대한 그리움은 오월의 잎처럼 싱싱하다. 동심은 현실논리에 얽매이지 않기 때문에 자유롭다.

온전치 못한 반쪽의 절름발이 노래는 버리고 무엇인가에 지친 나는 떠난다. 남은 일기장의 목메임에서 옮겨지는 그리움, 자유로운 꿈의 세계에 대한 그리움은 생존의 필수적인 요소이다.

> 우리 할머니는 굿을 좋아하는 굿쟁이셨다
> 굿이 있는 날 잠을 자는 것은 불가능했다
> 이웃집 할머니께서 신대를 잡으셨는데
> 물음에 관한 긍정은
> 신대가 흔들리는 것이었다
> 심한 긍정은 심한 흔들림이었다
> 이제 할머니의 아픔은 끝이 나고
> 장손주의 신병도 끝났냐는 물음에
> 흔들리던 신대
> 닥종이 냄새를 풍기며
> 얼굴과 가슴을 쓸어내리던 시원함과
> 초등학교 먼지털이를 닮아서
> 높은 곳도 쉽게 올라가던 그 춤이
> 복숭아꽃 필 때면 다시 추고 싶어진다
> ―「굿」 부분

무당이 노래나 춤을 추며 귀신에게 치성을 드리는 의식이 굿이다. 그리움으로 대체된 나의 병은 할머니가 굿을 한다고 해도 치유는 어려운 일이다. 설령 신대가 흔들린다고 하더라도 고질이 된 그리움의 병은 완치가 어려운 것은 당연하다. 오히려 울퉁불퉁한 비포장도로를 달리는 신대가 고통에 시달리는 것은 이를 것도 없다. 이럴진대 무슨 효험이 있겠는가? 그리움의 병을 지니고 일생을 살 수밖에 다른 도리는 없지 않는가?

　"내 장래희망은 발동기 주인이 되어/돌아갈 수 없는 세월 한번 시원하게 돌려보는 것이었다/탈탈탈탈 탈탈탈탈/탈 없이 원 없이"(「장래희망」)라고 한 철없던 시절의 사랑은 타제석기로 보리타작을 해오던 석기시대를 뿌리째 흔드는 그리움이 되었다. 지난시절 동심의 그리움은 소망의 그리움으로 남는다. 유년의 체험으로 오롯이 남아있는 그리움은 삶의 활력소이고 윤활유이며 시의 바탕이 된다.

5. 자연에 대한 그리움

　무심한 이 산의 돌과 저 산의 돌이
　왜 얼굴이 닮았는지

무슨 인연으로 말 없는 그리움은
저 드센 억새의 머리로 올라 하얗게 부서지며
흔들리는 방향을 잡고 흔들리는지
서 있는 발이 마주보며 살아가는 걸
버선을 벗어야 아는 건 아니지만
억세고 억센 억새풀 할배는 언제 이곳까지 와
내가 모르는 더 억센 할매를 멀뚱멀뚱 만나셨는지
그리운 억새꽃의 하얀 이야기
초파리 애벌레의
빠알간 눈웃음 속을 헤엄쳐가는
등 푸른 사내
꽃잔디 한 송이 속에 들어있는
노란 엽서를 받는 달빛마저도 나는 무거워
이 가을 또 한 짐 내려놓고 가야겠지만
꽃으로 피던 어린 날의 열병 자국
달에게도 점점 넓어져 가고
내 등에는 그대 그리운 가을의 반점
—「우리 할매 끈 이론」 부분

그리움은 사람에게만 있는 게 아니다. 자연에 대한 그리움은 예부터 있어왔다. 산수를 사랑함이 지극하여 마치 불치의 깊은 병에 걸린 것같이 되었음을 이르는 말에 천석고황(泉石膏荒)이란 말과 매양 같은 뜻의 말로 연하고질(煙霞痼疾), 연하지벽(煙霞之癖)이 있다. 자연사랑은 인간이 자연에서 나서 자연 속에 살다가 자연으로 돌아감이니 자연스럽다고 하겠다.

『청록집』 발간 70주년이 되면서 청록파에 대한 조명이 새롭게 전개되고 있다. 출발의 초기에는 자연을 노래한 공통성을 지녔다지만 각기 다른 모습을 보여주었다. 동양적 운치가 살아있는 자연, 기독교적 갈망이 착색된 자연, 향토성이 가미된 순수 자연으로 변모되었다. 보통 인연이라면 사람과 사람 사이에 연관된 것으로 파악하기 일쑤다. 그러나 이승진 시인의 「우리 할매 끈 이론」에서는 자연에 나타난 인연을 읽게 된다. "무슨 인연으로 말 없는 그리움은/저 드센 억새의 머리로 올라 하얗게 부서지며/흔들리는 방향을 잡고 흔들리는지" 또는 "그리운 억새꽃의 하얀 이야기/초파리 애벌레의/빠알간 눈웃음 속을 헤엄쳐가는" 그리움을 보여준다. 그런가 하면 "꽃잔디 한 송이 속에 들어있는/노란 엽서를 받는 달빛마저도 나는 무거워/이 가을 또 한 짐 내려놓고 가야겠"다고 읊고 있다.

조락의 계절, 벗어놓고 가는 계절, 모든 것 비우고 훌

훌 떠나는 계절과 동화된 일체화가 자연스럽다. 그것은 자연의 순리에 순응함이요 이치에 따름이다. 도는 자연을 본받는다는 도법자연(道法自然)에 있어서의 도는 인법지(人法地), 지법천(地法天), 천법도(天法道) 즉 천지인(天地人)의 근원적 질서를 의미하는 큰 범주의 개념으로 본 것이다. 어린 날의 열병 자국과 달빛의 반점에서 인간과 자연이 서로 닮아가는 이치의 조화를 읽는 것이다.

동백이 핀다 아버지의 통풍이 갑자기 심해지는 봄이었다 부는 바람에 동백이 먼저 아팠다 동백꽃의 관절과 연부조직에 내려앉는 붉은 바다 관절과 마디에 극심한 통증을 야기하는 봄바람이 동백의 뇌를 자극했다 급격히 시작하는 발작성 통증과 나긋나긋한 종창이며 부기 같은 그리움은 아버지의 오래된 눈물이었다 피부가 벌겋게 달아오른 동백이 피고 있었다 통꽃이었다
―「개화」 부분

정산리 갯도랑을 걷는다
무심히 던지던 자갯돌이
예쁜 제 친구 하나를

온종일 그리워하고 있었다고 생각하면
던질 수가 없다
밟을 수가 없다
자갯돌 하나를 가져올 수 없다

저희들끼리 베고 누워
햇살도 마시고
흐르는 물로 상처를 보듬던 자갯돌이
떠난 친구를 그리워하다가
어느 날 외로워질 걸 생각하면
갯도랑이 갑자기 적막해지고
사는 게 갑자기 눈물이 난다

졸졸졸 외롭다는 소리

가엾다
사랑이 사랑에 엎드린 모든 것의 내일은
—「자갯돌」 전문

 봄이 되면 심해지는 아버지의 통풍과 붉게 피는 동백을 통꽃으로 보는 아픔의 동일성에서 인간과 자연과의

일치를 본다. 나아가 아버지와 동백의 상관성은 "그리움의 높이만큼 꽃이 피는 것"으로 내면과 현상의 감응 정도를 가늠케 한다.

크고 작은 자갯돌이 어울려 있는 갯도랑은 자연 그대로의 모습이다. 그런데 만약 자갯돌 하나라도 가져온다면 남은 자갯돌들은 친구 잃은 외로움과 그리움으로 적막해질 것이라는 짐작은 또 얼마나 자연적이며 가엾음의 자상한 표현인가?

자연의 순리와 조화, 자연과 함께하는 자연스러운 생활, 자연과 인간이 하나 되는 자연인으로서의 이해와 배려가 그리움으로 피었다.

6. 삶에 대한 그리움

야속한 일이란 2일, 7일 들어서는 상주 장의 톳째비가 일 년 삼백육십오일 하루도 빠짐없이 찾아오는 것입니다 삶도 그리움도 벌써 한 짐인 동네 어른들 상주 장에 내려드리며 한 말씀 올렸습니다

고맙습니다
막차가 출발하기 전 동네 어른들 돌려주시고 언젠가

의 저녁 저도 내려줄 상주 장의 착한
  톳째비님, 혹은 이 깊은 가을

　　　　　　　　—「톳째비에게 홀리기」부분

 톳째비, 도채비(제주도 방언), 돗가비는 도깨비를 이름이다. 도깨비는 조상들의 마음속에 도사리고 있는 꿈의 남자(幻父—돗(幻))와 아비(父)의 합성어이다. 서민들에게 웃음과 울음과 감탄과 쾌재를 주는 정감있는 환상적인 아비이다.
 닷새마다 오는 장날은 서민의 잔칫날이다. 장 보러 온 동네 어른들을 톳째비가 홀려서 길을 잃게 하고 진땀을 빼게 한다. 삶이 가난하고 어려워서 무겁기만 한 시절 그리움도 무거울 수밖에 없는데 내게는 일 년 내내 찾아오는 톳째비. 톳째비는 단순히 못된 귀신의 역할만 하는 것이 아니라 우리 삶의 끈을 쥐고 있는 주관자로서 수용이 가능하리라. 한때 우리가 믿었던 주술성과 신통력을 지닌 톳째비로.

  아직 잠들지 않았다 그리움은
  웅크린 안경 속으로
  받침 빠진 포구를 어르고 달래며

신발 끈을 새로 매는 비바람
파도는 밤새도록 흰옷을 갈아입었다
푸른 수의(囚衣)를 입고 있다가
저녁마다
하얀 수의(壽衣)로 갈아입는 후포 앞바다
또 그리움 넘어지는 소리가 독하다

—「후포」 부분

 바다는 그리움 자체다. 잠들지 않고 항시 깨어있는 그리움. 푸른 수의를 하얀 수의로 갈아입는 후포 앞바다. 푸른 물살이 밀려와서는 하얗게 부서지고 부서지고는 다시 밀려오는 파도. 한결같이 이어지는 동적 그리움은 망망한 바다에 머무를 수밖에 없다. 모든 물질은 생명과 혼을 지니고 있다는 물활론적(物活論的) 사유가 가능한 바다는 잠들지 않는다.

 「후포」에서 시어 선택은 한자어인 동음이의어를 들 수 있다. 바다를 죄수들이 입는 "푸른 수의(囚衣)"가 염습할 때에 시체에 입히는 "하얀 수의(壽衣)"로 변화하는 모습의 비유가 새롭다. 이 시인의 한자어의 사용은 이외에도 자주 접하게 된다. 「공굴리기」에서 굴리는 공과 공(空), 「체천(體天)」에서 "천(天)한 그대 몸뚱어리", 「불

(佛) 넣기」에서 "대웅전에 불(佛) 좀 넣어드려야 하지 않겠냐고", 「산벚나무경」에서 "백화산 그 새가 밤새도록/소쩍소쩍(蕭寂蕭寂)/산벚 불경을 실어보낸다"는 것 등이 그러하다. 또한 「사과새」에서 "아버지는 식구들에게 꼭 사과새 드시다 남은 사과를 주신다 나는 그 사과가 할배 드시다 남은 쌀밥이려니 하고 냉큼 받아먹는다 새가 버린 사과는 꽁보리밥처럼 누렇게 엎드려 사과를 한다"에서 과일의 사과와 잘못에 대한 용서를 비는 사과(謝過)의 유사한 발음 등 우리말과 한자어의 절묘한 사용을 보게 된다. 희언법(戱言法)에 의한 독특한 기지(機智)와 풍자는 시적 효과를 더 높이고 있다. 이것은 언어로서의 기호와 의장(意匠)이 조화를 이룸으로써 파생된 미적 효과라고 하겠다.

잠 못 드는 추위 한 패와 들에 나갔던 그리움이 평상에 걸터앉는다 춥다 맨살 아린 달빛들은 식구를 데리고 처마 속으로 도란도란 모여드는데 하늘을 보라고 저 혼자 외쳐대는 소쩍새는 이 겨울 돌아가지 않았다 실핏줄이 아프다 잠 못 드는 21세기 동학쟁이 그리움, 버선발로 기다리는 사랑은 오지 않는다 몸이 하늘이라, 몸이 하늘이라

—「체천(體天)」 부분

  이승진 시인의 그리움은 상주 장날이나 잠들지 않은 후포에 머물지 않는다. 눈앞에 전개되는 현실에만 국한되는 것이 아니라 소용돌이 친 역사의 현장에까지 미친다. 동학쟁이의 그리움은 개인적 수양을 통한 안심입명도 있겠으나 반외세 반봉건의 기치를 들고 인내천의 종지를 실현함에 있었다. 백성이 대접받고 잘 사는 개벽의 아침을 꿈꾼 것이다.
  첩첩산중, 사방으로 길은 틔어있으나 어느 곳으로 들어가도 높은 고개를 넘어야 하는 은척, 칠봉산과 성주봉이 있고 그 아래에 펼쳐진 너른 분지. 상서로운 길지(吉地)를 향한 동학교도의 엑소더스(Exodus)는 상주시 은척면 우기리에 막을 내린다. 정(丁)자형 산세와 수세가 산정수정(山丁水丁)의 선천형국(先天形局)을 이룬 궁을(弓乙)의 세계, 아(亞)자형 중앙에 자리 잡은 동학교당. "사람은 본시 소천(小天)이기 때문에 하늘은 아버지요, 사람은 아들이므로 아들이 아버지를 모시고 그 도를 밝히고 그 덕을 닦자"는 것이 동학의 체천주의다. 동학교의 하늘님은 사람이 본받아야 할 초월적이고 규범적 존재로 인식했다. 몸이 하늘임을 강조한 동학교당에는 '때가 되면 다

된다'는 한 가닥 희망을 안고 이루지 못한 한스런 숨결이 남아있다. 그러나 백성의 각성과 민족의 자존, 자주적 이상세계의 구현을 위한 간절한 기구의 정신에 뒤 세상 시인의 그리움은 잠들지 못한다. 겨울에 돌아가지 않은 소쩍새처럼.

> 불혹 넘어
> 하늘은 점점 멀어지며 가물거리고
> 먼 그대 천 리 길을 가물거리면 나는
> 가물 현 속으로 들어가 보이지 않는
> 그리움이나 자꾸 읽었다
> ―「가물 현(玄) 배우기」부분

천자문을 배워본 사람이면 누구나 한 번쯤은 의아심을 품었던 가물 현. 하늘이 아득하고 멀어서 가물거릴 수밖에 없고 가물거리는 먼 그대를 위해 다시 배우는 검을 현. 가물 현 배우는데 걸린 삼십 년 못지않게 전 생을 걸고 "가물 현 속으로 들어가 보이지 않는/그리움"을 읽는다. 현자에 대한 이러한 터득은 뒤늦은 깨달음 곧 만각(晚覺)으로서 일생을 그리움의 짐을 싣고 사는 것이 아닌가. 설령 그것이 "시린 이 계절의 등뼈/언제 바르게 놓이려는지/지금은 독한 그리움이/가장 편안한 자세라고 한다"(「편안하다, 가장」)고 해도 부정하고 거부하지 못하는 이유가 거기에 있다.

7. 맺음말

『엄마붓다』는 『사랑 박물관』의 연장선에서 볼 수 있다. 이승진 시인의 '사랑'에 이어 '그리움'으로 넘어온 집념과 집중의 시 작업은 주목할 만한 일이다. 실상과 이념으로 나타난 그리움의 주된 내용을 분석적 시각으로 편의상 몇 유형으로 나누어보았다. 가장 원형질적인 바탕의 그리움으로 원초적 그리움, 인간에 대한 그리움, 동심에 대한 그리움, 자연에 대한 그리움, 삶에 대한 그리움으로 가름해 보았다. 하지만 이것들은 그리움의 주체가 인간이기에 모두 인간의 그리움으로 통합이 가능할 것이다. 이름 자체가 그리움일진대 그리움의 박물관답게 열거한 대상 외에 다채롭고 다양한 그리움이 진열되어 있다. 그리움의 대상은 보고 듣고 생각하는 체험의 전 영역이 해당 된다.

이승진 시인의 세상을 향해 열려진 그리움은 우주론적 성향을 지녔다. 낯을 가림이 없이, 까다로운 선택도 없이 두루 미치는 그리움. 그리움은 정아요, 경주 최 부자요, 보물찾기요, 딱지치기요, 억새꽃이요, 달빛이요, 톳째비요, 바다요, 동학교당이다. 그에게 있어 그리움은 이러한 모든 그리움한테 가는 길이요, 동력이요, 표상이요, 사랑이요, 존재의 이유다. 이것이 '그리움의 시학'을 성립케 하는 이유가 된다.

  그리움의 시적 대상이 자유롭듯 사유 또한 자유롭게 비상하는 상상력의 운무와 현란함을 느끼게 한다. 그리고 시를 담아내는 미세한 시선이 날카롭다. 그런가 하면 "두견새 모가지의 견고한 핏덩이가/별이 되어 풀리다가/끝내는 반가상 웃음에 닿아/큰 새벽 하나를 물들이더니"(「경주에서」)에서 보듯 두견새—별—반가상—새벽으로 이어지는 시적 의미의 전이에 따른 사유의 파장이 시공간의 접합을 엮어내고 있다. 이렇게 볼 때 이승진 시인은 이성적 시선과 동적인 사유의 시법을 잘 구사하고 있다. 여기에 뜻과 발음의 동일성을 살림으로써 나타나는 시적 묘미와 불교적 발상은 시의 깊이와 넓이를 확산시키는 촉매의 역할을 하고 있다.

  이승진 시인의 시적 탐색은 전천후 전 영역이다. 어느 한곳에 매인 법이 없다. 시의 안테나를 높이 올리고 수신만 되면 포충망의 위력을 발휘하는 시 작업. 사랑과 그리움에 이어 다음에 나올 시적 탐색이 궁금해진다. 예측컨대 확실한 것은 '시 박물관'이 될 것이라는 사실은 틀림없다. 탑처럼 우뚝 선 시의 전시물로 가득 찰 이승진 시인의 시세계를 기대한다.

시인의 말

 아내는 사회 성숙도가 낮은 나를 걱정하며 개혁 성향의 과격한 행동으로 성숙도를 높이려고 애쓰고 있다. 포기해야 한다는 것을 아직 모르는 것 같다. 아내만 그런 건 아니다. 박 교감이나 길봉 후배도 나를 구박의 대상으로 삼고 횡포를 부린다. 불쌍하다. 그런 나를 우리 엄마는 사랑해주셨다. "우리 승지, 우리 승지"하시며 애지중지 키우셨다. 고맙고 미안하고 아프다. 엄마 얼굴 뵌 지 반년이 훌쩍 지났다. 다른 생각은 없다. 조금 멀리 있는 우리 엄마에게 『엄마 붓다』를 선물하고 싶다.

2016년 새 아침
이승진

엄마 붓다

2016년 1월 15일 초판 1쇄 찍음
2016년 1월 20일 초판 1쇄 펴냄

지은이 _ 이승진
펴낸이 _ 양문규
펴낸곳 _ 詩와에세이

신고번호 _ 제319-2005-000014호
주　　소 _ (03748)서울시 서대문구 북아현로 16길 7, 2층
대표전화 _ (02)324-7653, 070-8877-7653
팩시밀리 _ 0505-116-7653
휴대전화 _ 010-5355-7565
전자우편 _ sie2005@naver.com
공 급 처 _ 한국출판협동조합
주문전화 _ (02)716-5616
팩시밀리 _ (031)944-8234~6

ⓒ이승진, 2016
ISBN 979-11-86111-17-8 (03810)

* 지은이와 협의하여 인지는 생략합니다.
* 이 책 내용의 전부 또는 일부를 재사용하려면 반드시 지은이와
  詩와에세이 양측의 동의를 받아야 합니다.
* 책값은 뒤표지에 표시되어 있습니다.